P9-DEA-716

LET'S LEARN

Spanish
Word Book

National Textbook Company
a division of *NTC Publishing Group* • Lincolnwood, Illinois USA

Welcome to the *Let's Learn Spanish* Word Book!

You'll have lots of fun reading this book and learning hundreds of Spanish words about your school, your town, the airport, animals, and many other things.

This word book is fun to use. All the way through, you'll see big pictures full of funny things. See if you can say the names of all the things you see in the scene. Look closely, because there are many, many details in each drawing.

On the pages following each scene, you'll find small pictures of the things from the scene. Each one has its name written underneath it in both Spanish and English, so you can learn to read it and say it in your new language.

At the back of the book are two lists of all the words you can learn in the book, with the number of the scene in which they appear. That way, you can look up words in English or Spanish and go right to their pictures.

Every time you look at this word book, you'll find something new. And, best of all, you'll learn lots of new words in Spanish! We hope you'll enjoy it!

Published by National Textbook Company,
a division of NTC Publishing Group.
© 1995 by NTC Publishing Group, 4255 West Touhy Avenue,
Lincolnwood (Chicago), Illinois, U.S.A. 60646-1975.
Manufactured in Hong Kong.

5 6 7 8 9 0 WKT 9 8 7 6 5 4 3 2 1

Table of Contents

1. In the Ocean ■ En el mar — 2
2. The Doctor's Office ■ La oficina del médico — 6
3. The Classroom ■ La clase — 10
4. The Gas Station ■ La gasolinera — 14
5. On the Runway ■ En la pista de despegue — 18
6. The Post Office ■ El correo — 22
7. The City Square ■ La plaza mayor — 26
8. The Talent Show ■ El espectáculo — 30
9. The Dentist's Office ■ La oficina del dentista — 34
10. In the Country ■ En el campo — 38
11. The Attic ■ El desván — 42
12. The Airport ■ El aeropuerto — 46
13. In a Restaurant ■ En un restaurante — 50
14. At the Zoo ■ En el jardín zoológico — 54
15. The Supermarket ■ El supermercado — 58
16. The City ■ La ciudad — 62
17. The Bank ■ El banco — 66
18. The World ■ El mundo — 70
    English-Spanish Vocabulary List — 75
    Spanish-English Vocabulary List — 85

1. In the Ocean ▪ En el mar

scuba diver
el buceador

snorkel
el esnórquel

sea turtle
la tortuga de mar

shark
el tiburón

angelfish
el angelote

wet suit
el traje de goma

mask
la máscara

lobster
la langosta

octopus
el pulpo

school (of fish)
el banco

flipper
la aleta

starfish
la estrella de mar

stingray
la pastinaca

tentacle
el tentáculo

fishing line
el hilo de pescar

oxygen tank
**el tanque
de oxígeno**

jellyfish
la medusa

dolphin
el delfín

swordfish
el pez espada

fishhook
el anzuelo

3

1. In the Ocean ■ En el mar

sea horse
el hipocampo

cannon
el cañón

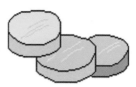
gold
el oro

seaweed
el alga marina

anchor
el ancla

silver
la plata

buoy
la boya

porthole
la portilla

shipwreck
el naufragio

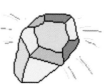
treasure chest
el arca de tesoro

jewel
la joya

submarine
el submarino

sea urchin
el erizo marino

helm
el timón

treasure
el tesoro

barnacle
el percebe

coral
el coral

coral reef
el arrecife de coral

seashell
la concha de mar

wave
la ola

sand
la arena

bubble
la burbuja

clam
la almeja

scales
las escamas

gills
las agallas

fin
la aleta

crab
el cangrejo

squid
el calamar

whale
la ballena

5

doctor
el médico

medicine
la medicina

bandage
la venda adhesiva

hypodermic needle
la aguja hipodérmica

nurse
la enfermera

pill
la pastilla

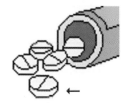

cast
la escayola

blood
la sangre

patient
la paciente

thermometer
el termómetro

sling
el cabestrillo

cane
el bastón

7

2. The Doctor's Office ■ La oficina del médico

examining table
la camilla

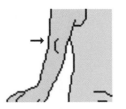

elbow
el codo

wheelchair
la silla de ruedas

hand
la mano

crutch
la muleta

stethoscope
el estetoscopio

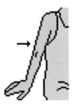

arm
el brazo

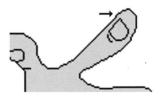

finger
el dedo

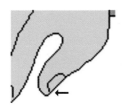

thumb
el pulgar

toe
el dedo (del pie)

back
la espalda

leg
la pierna

shoulder
el hombro

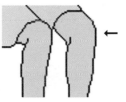

knee
la rodilla

foot
el pie

sneeze
el estornudo

chest
el pecho

3. The Classroom ▪ La clase

teacher
el maestro

map
el mapa

trash
la basura

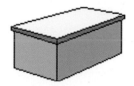
teacher's desk
el escritorio

bookcase
la estantería

teacher
la maestra

chalkboard
la pizarra

wastebasket
la papelera

calendar
el calendario

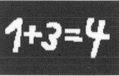
arithmetic problem
el problema aritmético

student
el alumno

chalk
la tiza

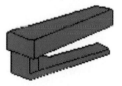
stapler
la grapadora

cellophane tape
la cinta adhesiva

calculator
la calculadora

student
la alumna

chalkboard eraser
el borrador

staples
las grapas

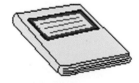
notebook
el cuaderno

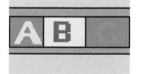
alphabet
el alfabeto

3. The Classroom ■ La clase

pupil's desk
el pupitre

book
el libro

bell
la campana

aquarium
el acuario

rug
la alfombra

hole punch
la perforadora de papel

easel
el caballete de pintor

pen
el bolígrafo

fish
el pez

ruler
la regla

compass
el compás

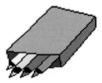

protractor
el transportador

colored pencils
los lápices de color

loudspeaker
el altavoz

scissors
las tijeras

 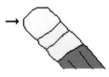

pencil eraser
la goma de borrar

12

pencil
el lápiz

plant
la planta

glue
la cola

globe
el globo terráqueo

pencil sharpener
el sacapuntas

paintbrush
el pincel

paper
el papel

picture
el cuadro

clock
el reloj

paint
la pintura

crayons
los creyones

cactus
el cacto

13

4. The Gas Station ▪ La gasolinera

mechanic
el mecánico

coveralls
el mono

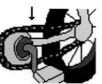
bicycle chain
**la cadena
de bicicleta**

tricycle
el triciclo

kickstand
el soporte

oil
el aceite

truck driver
el camionero

spokes
los rayos

handlebars
el manillar

race car
**el coche de
carreras**

rag
el trapo

tank truck
el camión tanque

hand brake
el freno manual

reflector
el reflector

sunroof
el techo de sol

tow truck
la grúa

bicycle
la bicicleta

training wheels
**las ruedas de
entrenamiento**

pedal
el pedal

garage
el garaje

15

4. The Gas Station ▪ La gasolinera

dashboard
el tablero de instrumentos

passenger's seat
el asiento del pasajero

engine
el motor

back seat
el asiento posterior

seat belt
el cinturón de seguridad

trunk
el baúl

car wash
el lavado de coches

gas pump
el surtidor de gasolina

gas cap
el casco del tanque de gasolina

pliers
los alicates

driver's seat
el asiento del conductor

hood
el capó

fender
el guardalodo

16

flat tire
la llanta reventada

hubcap
el tapacubos

windshield
el parabrisas

rearview mirror
el espejo retrovisor

jack
el gato

headlight
el faro

windshield wiper
el limpiaparabrisas

door handle
la manilla

air hose
la manga de aire

tire
la llanta

brake lights
los faros de freno

steering wheel
el volante

17

pilot
el piloto

copilot
la copiloto

air traffic controller
la controladora de tráfico

headset
el juego de auriculares

navigator
el navegante

flight attendant
la auxiliar de vuelo

control tower
la torre de control

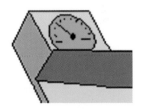

radar screen
la pantalla de radar

passenger
el pasajero

seat
el asiento

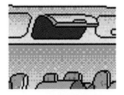

luggage compartment
la sección de equipaje

5. On the Runway ■ En la pista de despegue

airplane
el avión

runway
la pista

Concorde
el Concorde

wing
el ala

landing gear
el tren de aterrizaje

baggage handler
el mozo de equipaje

hangar
el hangar

engine
el motor

propeller
la hélice

letter
la carta

address
la dirección

postmark
el matasellos

mailbag
la bolsa de correo

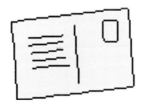

postcard
la tarjeta postal

zip code
el código postal

mailbox
el buzón

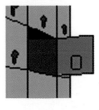

postal worker
el empleado postal

return address
el remitente

stamp
el sello

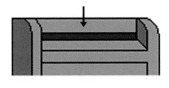

mail slot
la ranura

post-office box
el apartado postal

23

6. The Post Office ■ El correo

package
el paquete

string
el cordel

bow
el lazo

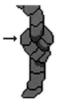

knot
el nudo

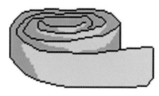

packing tape
la cinta

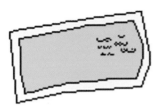

label
la etiqueta

inkpad
el tampón de entintar

rubber band
la cinta de goma

scale
la balanza

rubber stamp
el sello de goma

phone booth
la cabina telefónica

church
la iglesia

factory
la fábrica

smokestack
la chimenea

square
la plaza

bookstore
la librería

grocery store
la tienda de comestibles

train station
la estación del tren

park
el parque

fire station
la estación de bomberos

school
la escuela

27

7. The City Square ■ La plaza mayor

balcony
el balcón

crane
la grúa

bench
el banco

newspaper
el periódico

traffic light
el semáforo

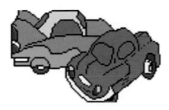

traffic jam
**el embotellamiento
de tráfico**

statue
la estatua

fountain
la fuente

manhole cover
la tapa de registro

actor
el actor

actress
la actriz

rope
la cuerda

conductor
el director

orchestra
la orquesta

audience
el público

stage
el escenario

microphone
el micrófono

trumpet
la trompeta

orchestra pit
**el foso de la
orquesta**

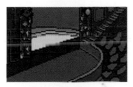

auditorium
el auditorio

scenery
el decorado

makeup
el maquillaje

piano
el piano

saxophone
el saxofón

curtain
el telón

spotlight
**el proyector
de teatro**

sheet music
la música

accordion
el acordeón

French horn
el corno francés

31

8. The Talent Show ■ El espectáculo

trombone
el trombón

guitar
la guitarra

strings
las cuerdas

clarinet
el clarinete

tuba
la tuba

harp
el arpa

xylophone
el xilófono

drum
el tambor

violin
el violín

cymbals
los címbalos

flute
la flauta

bow
el arco

cello
el violoncelo

script
el guión

dressing room
el camarín

children
los niños

ballet slippers
**las zapatillas
de ballet**

tutu
el tutú

sewing machine
**la máquina
de coser**

singer
el cantante

wig
la peluca

leotard
la malla

master of ceremonies
el animador

dancer
la bailarina

mask
la máscara

costume
el disfraz

9. The Dentist's Office ▪ La oficina del dentista

dentist
el dentista

toothbrush
el cepillo de dientes

waiting room
la sala de espera

smile
la sonrisa

dental hygienist
la higienista dental

toothpaste
la pasta dentífrica

magazines
las revistas

lips
los labios

tooth
el diente

dental floss
la seda dental

X ray
los rayos X

tongue
la lengua

9. The Dentist's Office ■ La oficina del dentista

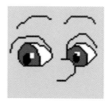

eyes
los ojos

mouth
la boca

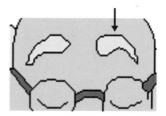

eyebrow
la ceja

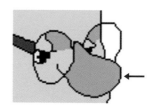

nose
la nariz

braces
los frenos

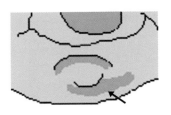

chin
la barbilla

head
la cabeza

cheek
la mejilla

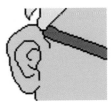

ear
la oreja

face
la cara

forehead
la frente

farmer
el granjero

dog
el perro

puppy
el cachorro

cat
el gato

rabbit
el conejo

tractor
el tractor

hen
la gallina

chick
el pollito

rooster
el gallo

bull
el toro

barn
el granero

pig
el cerdo

piglet
el cochinillo

cow
la vaca

calf
el becerro

hay
la paja

duck
el pato

duckling
el patito

horse
el caballo

colt
el potro

10. In the Country ■ En el campo

lamb
el cordero

sheep
la oveja

grass
la hierba

bee
la abeja

shadow
la sombra

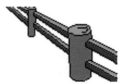

fence
la cerca

goat
la cabra

kid
el chivato

donkey
el burro

frog
la rana

tree
el árbol

horns
los cuernos

goose
el ganso

gosling
el gansarón

pond
el estanque

mouse
el ratón

man
el hombre

baby
el bebé

boy
el niño

girl
la niña

woman
la mujer

tent
la tienda de campaña

sleeping bag
el saco de dormir

farm
la granja

sky
el cielo

dirt
la tierra

smoke
el humo

train tracks
las vías de ferrocarril

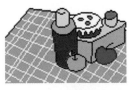
picnic
la excursión

ant
la hormiga

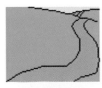
road
el camino

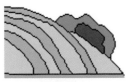
hill
la colina

trunk
el baúl

cobweb
la telaraña

hat
el sombrero

cowboy boots
**las botas de
vaquero**

jigsaw puzzle
el rompecabezas

box
la caja

ball gown
el vestido de baile

feather
la pluma

photo album
el álbum de fotos

jump rope
**la cuerda de
brincar**

dust
el polvo

top hat
**el sombrero
de copa**

cowboy hat
**el sombrero
de vaquero**

game
el juego

teddy bear
el osito

string
la cuerda

tuxedo
el esmoquin

uniform
el uniforme

doll
la muñeca

toys
los juguetes

11. The Attic ■ El desván

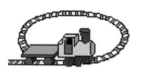

electric train
el tren eléctrico

music box
la cajita de música

comic book
el libro de cómicos

magnet
el imán

yarn
el hilado

lightbulb
la bombilla

whistle
el pito

dice
los dados

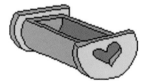

cradle
la cuna

knitting needles
las agujas de tejer

toy soldier
el soldado de juguete

cards
los naipes

blocks
los cubos

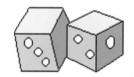

coloring book
el libro de colorear

dollhouse
la casa de muñecas

movie projector
el proyector de película

umbrella
el paraguas

marbles
las canicas

checkers
el juego de damas

chess
el ajedrez

puppet
el títere

rocking horse
el caballo mecedor

spinning wheel
el torno de hilar

rocking chair
la mecedora

fan
el abanico

picture frame
el marco

photograph
la fotografía

ticket counter
el mostrador de boletos

passport
el pasaporte

briefcase
la cartera

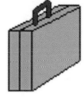

suitcase
la maleta

ticket agent
el vendedor de boletos

baggage check-in
el registro de equipaje

garment bag
la maleta para vestidos y trajes

camera
la cámara

ticket
el boleto

baggage cart
el carrito de equipaje

purse
el bolso

12. The Airport ■ El aeropuerto

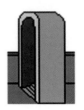

metal detector
el indicador de metales

elevator
el ascensor

tennis racket
la raqueta de tenis

binoculars
los prismáticos

escalator
la escalera mecánica

video camera
la cámara de video

snack bar
la cafetería

customs officer
el aduanero

gate
la puerta

porter
el mozo

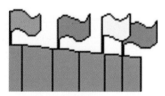

flags
las banderas

meals
las comidas

breakfast
el desayuno

waiter
el camarero

waitress
la camarera

birthday party
la fiesta de cumpleaños

yolk
la yema

omelet
la tortilla

sausages
las salchichas

gift
el regalo

ice cream
el helado

toast
la tostada

coffee
el café

sugar
el azúcar

cake
la tarta

candles
las velas

jam
la mermelada

tea
el té

cream
la crema

lunch
el almuerzo

hamburger
la hamburguesa

13. In a restaurant ■ En un restaurante

fish
el pescado

ham
el jamón

chicken
el pollo

dinner
la cena

soup
la sopa

broccoli
el bróculi

sandwich
el bocadillo

ketchup
la salsa de tomate

mustard
la mostaza

noodles
los fideos

celery
el apio

french fries
las papas fritas

salt
la sal

pepper
la pimienta

rice
el arroz

salad
la ensalada

52

steak
el bistec

soft drink
el refresco

menu
el menú

napkin
la servilleta

mushroom
el hongo

straw
la paja

bowl
el tazón

glass
el vaso

fork
el tenedor

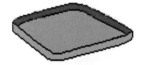
tray
la bandeja

saucer
el platillo

spoon
la cuchara

tablecloth
el mantel

cup
la taza

plate
el plato

knife
el cuchillo

zookeeper
el guardián de zoológico

flamingo
el flamenco

owl
la lechuza

eagle
el águila

polar bear
el oso polar

rhinoceros
el rinoceronte

jaguar
el jaguar

swan
el cisne

elephant
el elefante

panda
el panda

lion
el león

leopard
el leopardo

penguin
el pingüino

ostrich
el avestruz

gorilla
el gorila

tiger
el tigre

tiger cub
el cachorro de tigre

peacock
el pavo real

bear
el oso

bear cub
el cachorro de oso

55

14. At the Zoo ■ En el jardín zoológico

camel
el camello

hump
la giba

hippopotamus
el hipopótamo

alligator
el caimán

zebra
la cebra

kangaroo
el canguro

parrot
el loro

seal
la foca

fox
el zorro

giraffe
la jirafa

deer
el ciervo

snake
la serpiente

walrus
la morsa

wolf
el lobo

monkey
el mono

lizard
el lagarto

turtle
la tortuga

beak
el pico

paw
la pata

claws
las garras

horns
los cuernos

animals
los animales

mane
la melena

tail
la cola

wings
las alas

hoof
el casco

stripes
las rayas

spots
las manchas

feathers
las plumas

15. The Supermarket ▪ El supermercado

vegetables
los vegetales

peas
los guisantes

onion
la cebolla

apple
la manzana

cherries
las cerezas

cabbage
la col

carrots
las zanahorias

spinach
las espinacas

orange
la naranja

banana
el plátano

lettuce
la lechuga

tomatoes
los tomates

avocado
el aguacate

lemon
el limón

grapes
las uvas

green beans
las judías verdes

potatoes
las papas

fruit
la fruta

lime
el limón verde

strawberries
las fresas

59

15. The Supermarket ■ El supermercado

raspberries
las frambuesas

butter
la mantequilla

nuts
las nueces

pineapple
la piña

bread
el pan

chocolate
el chocolate

peach
el durazno

melon
el melón

meat
la carne

cheese
el queso

candy
los dulces

grapefruit
la toronja

watermelon
la sandía

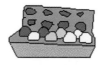

eggs
los huevos

food
la comida

pie
la empanada

milk
la leche

bottle
la botella

soap
el jabón

scale
la báscula

shopping cart
**el carrito de
compras**

cookies
las galletas dulces

fruit juice
el jugo

can
la lata

cash register
la caja

money
el dinero

crackers
las galletas

cereal
el cereal

shopping bag
**la bolsa de
compras**

cashier
la cajera

price
el precio

potato chips
**las papas fritas a
la inglesa**

frozen dinner
la cena congelada

sign
el letrero

building
el edificio

parking lot
el aparcamiento

fire hydrant
la boca de incendios

police station
la estación de policía

skyscraper
el rascacielos

parking meter
el parquímetro

apartment building
**el edificio de
apartamentos**

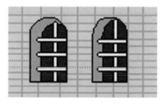

jail
la cárcel

driveway
el camino particular

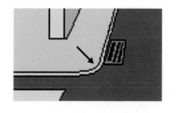

corner
la esquina

fire escape
la escalera de incendios

toy store
la juguetería

63

16. In the City ■ La ciudad

museum
el museo

movie theater
el cine

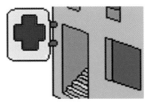

hospital
el hospital

restaurant
el restaurante

bakery
la pastelería

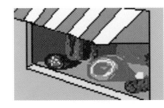

butcher shop
la carnicería

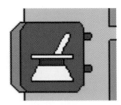

drugstore (pharmacy)
la farmacia

clothing store
el almacén

hotel
el hotel

playground
el patio de recreo

swing
el columpio

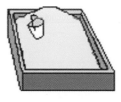

slide
el tobogán

sign
el letrero

jungle gym
las barras

seesaw
el sube y baja

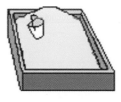

sandbox
el cajón de arena

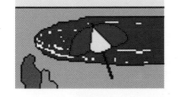

beach
la playa

65

teller
la cajera

piggy bank
la hucha

coin
la moneda

bill
el billete

drive-in
**el servicio para
automovilistas**

wallet
la billetera

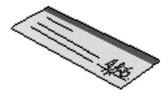

check
el cheque

checkbook
el talonario de cheques

signature
la firma

17. The Bank ■ El banco

lock
la cerradura

key
la llave

paper clip
el sujetapapeles

automatic teller
el cajero automático

security camera
la cámara de seguridad

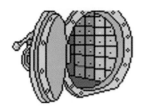

safe
la caja fuerte

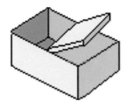

safe deposit box
la caja de seguridad

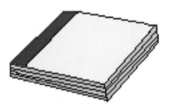

notepad
el cuaderno

file cabinet
el archivo

credit card
la tarjeta de crédito

security guard
el guardia de seguridad

typewriter
la máquina de escribir

receptionist
la recepcionista

Africa
África

Antarctica
la Antártida

Australia
Australia

Europe
Europa

North America
la América del Norte

South America
la América del Sur

Asia
Asia

Arctic Ocean
el Océano Glacial Ártico

Atlantic Ocean
el Océano Atlántico

Indian Ocean
el Océano Índico

Pacific Ocean
el Océano Pacífico

compass rose
la brújula

north
norte

northeast
nordeste

east
este

southeast
sudeste

south
sur

southwest
sudoeste

west
oeste

northwest
noroeste

18. The World ■ El mundo

ice cap
el manto de hielo

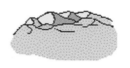

desert
el desierto

bay
la bahía

glacier
el glaciar

sea
el mar

oasis
el oasis

North Pole
el Polo Norte

South Pole
el Polo Sur

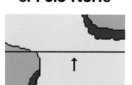

equator
el ecuador

iceberg
el témpano

tundra
la tundra

lake
el lago

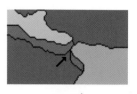

canal
el canal

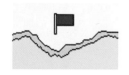

channel
el canal

island
la isla

waterfall
la catarata

volcano
el volcán

gulf
el golfo

peninsula
la península

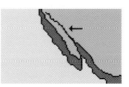

fault
la falla

mountains
las montañas

cape
el cabo

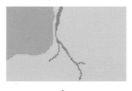

river
el río

jungle
la selva

plain
la llanura

73

English-Spanish Vocabulary List

Words are listed alphabetically, followed by the number of the scene in which they appear.

accordion, el acordeón, 8
actor, el actor, 8
actress, la actriz, 8
address, la dirección, 6
Africa, África, 18
air hose, la manga de aire, 4
air-traffic controller, la controladora de tráfico, 5
airplane, el avión, 5
alligator, el caimán, 14
alphabet, el alfabeto, 3
anchor, el ancla, 1
angelfish, el angelote, 1
animals, los animales, 14
ant, la hormiga, 10
Antarctica, la Antártida, 18
apartment building, el edificio de apartamentos, 16
apple, la manzana, 15
aquarium, el acuario, 3
Arctic Ocean, el Océano Glacial Ártico, 18
arithmetic problem, el problema aritmético, 3
arm, el brazo, 2

Asia, Asia, 18
Atlantic Ocean, el Océano Atlántico, 18
audience, el público, 8
auditorium, el auditorio, 8
Australia, Australia, 18
automatic teller, el cajero automático, 17
avocado, el aguacate, 15
baby, el bebé, 10
back, la espalda, 2
backseat, el asiento posterior, 4
baggage cart, el carrito de equipaje, 12
baggage check-in, el registro de equipaje, 12
baggage handler, el mozo de equipaje, 12
bakery, la pastelería, 16
balcony, el balcón, 7
ball gown, el vestido de baile, 11
ballet slippers, las zapatillas de ballet, 8
banana, el plátano, 15
bandage, la venda adhesiva, 2

barn, el granero, 10
barnacle, el percebe, 1
bay, la bahía, 18
beach, la playa, 16
beak, el pico, 14
bear, el oso, 14
bear cub, el cachorro de oso, 14
bee, la abeja, 10
bell, la campana, 3
bench, el banco, 7
bicycle, la bicicleta, 4
bicycle chain, la cadena de bicicleta, 4
bill, el billete, 17
binoculars, los prismáticos, 12
birthday party, la fiesta de cumpleaños, 13
blocks, los cubos, 11
blood, la sangre, 2
book, el libro, 3
bookcase, la estantería, 3
bookstore, la librería, 3
bottle, la botella, 15
bow (violin), el arco, 8
bow, el lazo, 6

bowl, el tazón, 13
box, la caja, 11
boy, el niño, 10
braces, los frenos, 9
brake lights, los faros de freno, 4
bread, el pan, 15
breakfast, el desayuno, 13
briefcase, la cartera, 12
broccoli, el bróculi, 13
bubble, la burbuja, 1
building, el edificio, 16
bull, el toro, 10
bulletin board, el tablón de
  noticias, 3
buoy, la boya, 1
butcher shop, la carnicería, 16
butter, la mantequilla, 15
cabbage, la col, 15
cactus, el cacto, 3
cake, la tarta, 13
calculator, la calculadora, 3
calendar, el calendario, 3
calf, el becerro, 10
camel, el camello, 14
camera, la cámara, 12
can, la lata, 15
canal, el canal, 18
candle, la vela, 13

candy, los dulces, 15
cane, el bastón, 2
cannon, el cañón, 1
cape, el cabo, 18
car wash, el lavado de coches, 4
cards, los naipes, 11
carrots, las zanahorias, 15
cash register, la caja, 15
cashier, la cajera, 15
cast, la escayola, 2
cat, el gato, 10
celery, el apio, 13
cello, el violoncelo, 8
cellophane tape, la cinta adhesiva, 3
cereal, el cereal, 15
chalk, la tiza, 3
chalkboard, la pizarra, 3
chalkboard eraser, el borrador, 3
channel, el canal, 18
check, el cheque, 17
checkbook, el talonario de
  cheques, 17
checkers, el juego de damas, 11
cheek, la mejilla, 9
cheese, el queso, 15
cherries, las cerezas, 15
chess, el ajedrez, 11
chest, el pecho, 2

chick, el pollito, 10
chicken, el pollo, 13
children, los niños, 8
chin, la barbilla, 9
chocolate, el chocolate, 15
church, la iglesia, 7
clam, la almeja, 1
clarinet, el clarinete, 8
claws, las garras, 14
clock, el reloj, 3
clothing store, el almacén, 16
cobweb, la telaraña, 11
coffee, el café, 13
coin, la moneda, 17
colored pencils, los lápices de color, 3
coloring book, el libro de
  colorear, 11
colt, el potro, 10
comic book, el libro de
  cómicos, 11
compass, el compás, 3
compass rose, la brújula, 18
Concorde, el Concorde, 5
conductor, el director, 8
control tower, la torre de control, 5
cookies, las galletas dulces, 15
copilot, la copiloto, 5
coral, el coral, 1

coral reef, el arrecife de coral, 1

corner, la esquina, 16

costume, el disfraz, 8

coveralls, el mono, 4

cow, la vaca, 10

cowboy boots, las botas de vaquero, 11

cowboy hat, el sombrero de vaquero, 11

crab, el cangrejo, 1

crackers, las galletas, 15

cradle, la cuna, 11

crane, la grúa, 7

crayon, el creyón, 3

cream, la crema, 3

credit card, la tarjeta de crédito, 17

crutch, la muleta, 2

cup, la taza, 13

curtain, el telón, 8

customs officer, el aduanero, 12

cymbals, los címbalos, 8

dancer, la bailarina, 8

dashboard, el tablero de instrumentos, 4

deer, el ciervo, 14

dental floss, la seda dental, 9

dental hygienist, la higienista dental, 9

dentist, el dentista, 9

desert, el desierto, 18

dice, los dados, 11

dinner, la cena, 13

dirt, la tierra, 10

doctor, el médico, 2

dog, el perro, 10

doll, la muñeca, 11

dollhouse, la casa de muñecas, 11

dolphin, el delfín, 1

donkey, el burro, 10

door handle, la manilla, 4

dressing room, el camarín, 8

drive-in, el servicio para automovilistas, 17

driver's seat, el asiento del conductor, 4

driveway, el camino particular, 16

drugstore (pharmacy), la farmacia, 16

drum, el tambor, 8

duck, el pato, 10

duckling, el patito, 10

dust, el polvo, 11

eagle, el águila, 14

ear, la oreja, 9

easel, el caballete de pintor, 3

east, este, 18

eggs, los huevos, 15

elbow, el codo, 2

electric train, el tren eléctrico, 11

elephant, el elefante, 14

elevator, el ascensor, 12

engine, el motor, 4, 5

equator, el ecuador, 18

escalator, la escalera mecánica, 12

Europe, Europa, 18

examining table, la camilla, 2

eyebrow, la ceja, 9

eyes, los ojos, 9

face, la cara, 9

factory, la fábrica, 7

fan, el abanico, 11

farm, la granja, 10

farmer, el granjero, 10

fault, la falla, 18

feather, la pluma, 11

feathers, las plumas, 14

fence, la cerca, 10

fender, el guardalodo, 4

file cabinet, el archivo, 17

fin, la aleta, 1

finger, el dedo, 2

fire escape, la escalera de incendios, 16

fire hydrant, la boca de incendios, 16

fire station, la estación de
  bomberos, 7
fish, el pez, 3; el pescado, 13
fishhook, el anzuelo, 1
fishing line, el hilo de pecsar, 1
flamingo, el flamenco, 14
flat tire, la llanta reventada, 4
flight attendant, la auxiliar de
  vuelo, 5
flipper, la aleta, 1
flute, la flauta, 8
food, la comida, 15
foot, el pie, 2
forehead, la frente, 9
fork, el tenedor, 13
fountain, la fuente, 7
fox, el zorro, 14
French horn, el corno francés, 8
french fries, las papas fritas, 13
frog, la rana, 10
frozen dinner, la cena congelada, 15
fruit, la fruta, 15
fruit juice, el jugo, 15
game, el juego, 11
garage, el garaje, 4
garment bag, la maleta para
  vestidos y trajes, 12
gas cap, el casco del tanque

de gasolina, 4
gas pump, el surtidor de gasolina, 4
gate, la puerta, 12
gift, el regalo, 13
gills, las agallas, 1
giraffe, la jirafa, 14
girl, la niña, 10
glacier, el glaciar, 18
glass, el vaso, 13
globe, el globo terráqueo, 3
glue, la cola, 3
goat, la cabra, 10
gold, el oro, 1
goose, el ganso, 10
gorilla, el gorila, 14
gosling, el gansarón, 10
grapefruit, la toronja, 15
grapes, las uvas, 15
grass, la hierba, 10
green beans, las judías verdes, 15
grocery store, la tienda de comestibles,
  7
guitar, la guitarra, 8
gulf, el golfo, 18
ham, el jamón, 13
hamburger, la hamburguesa, 13
hand, la mano, 2
hand (of clock), la manecilla, 3

hand brake, el freno manual, 4
handlebars, el manillar, 4
hangar, el hangar, 5
harp, el arpa, 8
hat, el sombrero, 11
hay, la paja, 10
head, la cabeza, 9
headlight, el faro, 4
headset, el juego de auriculares, 5
helm, el timón, 1
hen, la gallina, 10
hill, la colina, 10
hippopotamus, el hipopótamo, 14
hole punch, la perforadora de
  papel, 3
hood, el capó, 4
hoof, el casco, 14
horns, los cuernos, 10, 14
horse, el caballo, 10
hospital, el hospital, 16
hotel, el hotel, 16
hubcap, el tapacubos, 4
hump, la giba, 14
hypodermic needle, la aguja
  hipodérmica, 2
ice cream, el helado, 13
iceberg, el témpano, 18
icecap, el manto de hielo, 18

Indian Ocean, el Océano Índico, 18

ink pad, el tampón de entintar, 6

island, la isla, 18

jack, el gato, 4

jaguar, el jaguar, 14

jail, la cárcel, 16

jam, la mermelada, 13

jellyfish, la medusa, 1

jewel, la joya, 1

jigsaw puzzle, el rompecabezas, 11

jump rope, la cuerda de brincar, 11

jungle, la selva, 18

jungle gym, las barras, 16

kangaroo, el canguro, 14

ketchup, la salsa de tomate, 13

key, la llave, 17

kickstand, el soporte, 4

kid, el chivato, 10

kitten, el gatito, 10

knee, la rodilla, 2

knife, el cuchillo, 13

knitting needles, las agujas de tejer, 11

knot, el nudo, 6

label, la etiqueta, 6

lake, el lago, 18

lamb, el cordero, 10

landing gear, el tren de aterrizaje, 5

leg, la pierna, 2

lemon, el limón, 15

leopard, el leopardo, 14

leotard, la malla, 8

letter, la carta, 6

lettuce, la lechuga, 15

lightbulb, la bombilla, 11

lime, el limón verde, 15

lion, el león, 14

lips, los labios, 9

lizard, el lagarto, 14

lobster, la langosta, 1

lock, la cerradura, 17

loud speaker, el altavoz, 3

luggage compartment, la sección de equipaje, 5

lunch, el almuerzo, 13

magazines, las revistas, 9

magnet, el imán, 11

mail slot, la ranura, 6

mailbag, la bolsa de correo, 6

mailbox, el buzón, 6

makeup, el maquillaje, 8

man, el hombre, 10

mane, la melena, 14

manhole cover, la tapa de registro, 7

map, el mapa, 3

marbles, las canicas, 11

mask, la máscara, 1, 8

master of ceremonies, el animador, 8

meals, las comidas, 13

meat, la carne, 15

mechanic, el mecánico, 4

medicine, la medicina, 2

melon, el melón, 15

menu, el menú, 13

metal detector, el indicador de metales, 12

microphone, el micrófono, 8

milk, la leche, 15

money, el dinero, 15

monkey, el mono, 14

mountains, las montañas, 18

mouse, el ratón, 10

mouth, la boca, 9

movie projector, el proyector de película, 11

movie theater, el cine, 16

museum, el museo, 16

mushroom, el hongo, 13

music box, la cajita de música, 11

mustard, la mostaza, 13

napkin, la servilleta, 13

navigator, el navegante, 5

newspaper, el periódico, 7

noodles, los fideos, 13

North America, la América del Norte, 18
North Pole, el Polo Norte, 18
north, norte, 18
northeast, nordeste, 18
northwest, noroeste, 18
nose, la nariz, 9
notebook, el cuaderno, 3
notepad, el cuaderno, 17
numbers, los números, 3
nurse, la enfermera, 2
nuts, las nueces, 15
oasis, el oasis, 1
octopus, el pulpo, 1
oil, el aceite, 4
omelet, la tortilla, 13
onion, la cebolla, 15
orange, la naranja, 15
orchestra, la orquesta, 8
orchestra pit, el foso de la orquesta, 8
ostrich, el avestruz, 14
owl, la lechuza, 14
oxygen tank, el tanque de oxígeno, 1
Pacific Ocean, el Océano Pacífico, 18
package, el paquete, 6
packing tape, la cinta, 6

paint, la pintura, 3
paintbrush, el pincel, 3
panda, el panda, 14
paper, el papel, 3
paper clip, el sujetapapeles, 17
park, el parque, 7
parking lot, el aparcamiento, 16
parking meter, el parquímetro, 16
parrot, el loro, 14
passenger, el pasajero, 5
passenger's seat, el asiento del pasajero, 4
passport, el pasaporte, 12
patient, la paciente, 2
paw, la pata, 14
peach, el durazno, 15
peacock, el pavo real, 14
peas, los guisantes, 15
pedal, el pedal, 4
pen, el bolígrafo, 3
pencil, el lápiz, 3
pencil eraser, la goma de borrar, 3
pencil sharpener, el sacapuntas, 3
penguin, el pingüino, 14
peninsula, la península, 18
pepper, la pimienta, 13
phone booth, la cabina telefónica, 6
photo album, el álbum de fotos, 11

photograph, la fotografía, 11
piano, el piano, 8
picnic, la excursión, 10
picture, el cuadro, 3
picture frame, el marco, 11
pie, la empanada, 15
pig, el cerdo, 10
piggy bank, la hucha, 17
piglet, el cochinillo, 10
pill, la pastilla, 2
pilot, el piloto, 5
pineapple, la piña, 15
plain, la llanura, 18
plant, la planta, 3
plate, el plato, 13
playground, el patio de recreo, 16
pliers, los alicates, 4
polar bear, el oso polar, 14
police station, la estación de policía, 16
pond, el estanque, 10
porter, el mozo, 12
porthole, la portilla, 1
post-office box, el apartado postal, 6
postal worker, el empleado postal, 6
postcard, la tarjeta postal, 6
postmark, el matasellos, 6
potato chips, las papas fritas

a la inglesa, 15
potatoes, las papas, 15
price, el precio, 15
propeller, la hélice, 5
protractor, el transportador, 3
pupil's desk, el pupitre, 3
puppet, el títere, 11
puppy, el cachorro, 10
purse, el bolso, 12
rabbit, el conejo, 10
race car, el coche de carreras, 4
radar screen, la pantalla de radar, 5
rag, el trapo, 4
raspberries, las frambuesas, 15
rearview mirror, el espejo retrovisor, 4
receptionist, la recepcionista, 17
reflector, el reflector, 4
restaurant, el restaurante, 16
return address, el remitente, 6
rhinoceros, el rinoceronte, 14
rice, el arroz, 13
river, el río, 18
road, el camino, 10
rocking chair, la mecedora, 11
rocking horse, el caballo mecedor, 11
rooster, el gallo, 10
rope, la cuerda, 8
rubber band, la cinta de goma, 6

rubber stamp, el sello de goma, 6
rug, la alfombra, 3
ruler, la regla, 3
runway, la pista, 5
safe, la caja fuerte, 17
safety deposit box, la caja de seguridad, 17
salad, la ensalada, 13
salt, la sal, 13
sand, la arena, 1
sandbox, el cajón de arena, 16
sandwich, el bocadillo, 13
saucer, el platillo, 13
sausages, las salchichas, 13
saxophone, el saxofón, 8
scale, la balanza, 15; la báscula, 15
scales, las escamas, 1
scenery, el decorado, 8
scissors, las tijeras, 3
school, la escuela, 7
school (of fish), el banco, 1
script, el guión, 8
scuba diver, el buceador, 1
sea, el mar, 1
sea horse, el hipocampo, 1
sea turtle, la tortuga de mar, 1
sea urchin, el erizo marino, 1
seal, la foca, 14

seashell, la concha de mar, 1
seat, el asiento, 5
seat belt, el cinturón de seguridad, 4
seaweed, el alga marina, 1
security camera, la cámara de seguridad, 17
security guard, el guardia de seguridad, 17
seesaw, el sube y baja, 16
sewing machine, la máquina de coser, 8
shadow, la sombra, 10
shark, el tiburón, 1
sheep, la oveja, 10
sheet music, la música, 8
shipwreck, el naufragio, 1
shopping bag, la bolsa de compras, 15
shopping cart, el carrito de compras, 15
shoulder, el hombro, 2
sign, el letrero, 16
signature, la firma, 17
silver, la plata, 1
singer, el cantante, 8
sky, el cielo, 10
skyscraper, el rascacielos, 16
sleeping bag, el saco de dormir, 10

slide, el tobogán, 16
sling, el cabestrillo, 2
smile, la sonrisa, 9
smoke, el humo, 10
smokestack, la chimenea, 7
snack bar, la cafetería, 12
snake, la serpiente, 14
sneeze, el estornudo, 2
snorkel, el esnórquel, 1
soap, el jabón, 15
soft drink, el refresco, 13
soup, la sopa, 13
South America, la América del Sur, 18
South Pole, el Polo Sur, 18
south, sur, 18
southeast, sudeste, 18
southwest, sudoeste, 18
spinach, las espinacas, 15
spinning wheel, el torno de hilar, 11
spokes, los rayos, 4
spoon, la cuchara, 13
spotlight, el proyector de teatro, 8
spots, las manchas, 14
square, la plaza, 7
squid, el calamar, 1
stage, el escenario, 8
stamp, el sello, 6

staples, las grapas, 3
stapler, la grapadora, 3
starfish, la estrella de mar, 1
statue, la estatua, 7
steak, el bistec, 13
steering wheel, el volante, 4
stethoscope, el estetoscopio, 2
stingray, la pastinaca, 1
straw, la paja, 13
strawberries, las fresas, 15
string, el cordel, 6; la cuerda, 11
strings, las cuerdas, 8
stripes, las rayas, 14
student, (female) la alumna, 3; (male) el alumno, 3
submarine, el submarino, 1
sugar, el azúcar, 13
suitcase, la maleta, 12
sunroof, el techo de sol, 4
swan, el cisne, 14
swings, los columpios, 16
swordfish, el pez espada, 1
tablecloth, el mantel, 13
tail, la cola, 14
tank truck, el camión tanque, 4
tea, el té, 13
teacher, (female) la maestra, 3; (male) el maestro, 3

teacher's desk, el escritorio, 3
teddy bear, el osito, 11
teller, la cajera, 17
tennis racket, la raqueta de tenis, 12
tent, la tienda de campaña, 10
tentacle, el tentáculo, 1
thermometer, el termómetro, 2
thumb, el pulgar, 2
ticket, el boleto, 12
ticket agent, el vendedor de boletos, 12
ticket counter, el mostrador de boletos, 12
tiger, el tigre, 14
tiger cub, el cachorro de tigre, 14
tire, la llanta, 4
toast, la tostada, 13
toe, el dedo (del pie), 2
tomatoes, los tomates, 15
tongue, la lengua, 9
tooth, el diente, 9
toothbrush, el cepillo de dientes, 9
toothpaste, la pasta dentífrica, 9
top hat, el sombrero de copa, 11
tow truck, la grúa, 4
toy soldier, el soldado de juguete, 11
toy store, la juguetería, 16

toys, los juguetes, 11
tractor, el tractor, 10
traffic jam, el embotellamiento
de tráfico, 7
traffic lights, el semáforo, 7
train station, la estación del tren, 7
train tracks, las vías de
ferrocarril, 10
training wheels, las ruedas
de entrenamiento, 4
trash, la basura, 3
tray, la bandeja, 13
treasure, el tesoro, 1
treasure chest, el arca de tesoro, 1
tree, el árbol, 10
tricycle, el triciclo, 4
trombone, el trombón, 8
truck driver, el camionero, 4
trumpet, la trompeta, 8
trunk, el baúl, 4, 11
tuba, la tuba, 8
tundra, la tundra, 18
turtle, la tortuga, 14
tutu, el tutú, 8
tuxedo, el esmoquin, 11
typewriter, la máquina de
escribir, 17

umbrella, el paraguas, 11
uniform, el uniforme, 11
vegetables, los vegetales, 15
video camera, la cámara de
video, 12
violin, el violín, 8
volcano, el volcán, 18
waiter, el camarero, 9
waiting room, la sala de espera, 13
waitress, la camarera, 13
wallet, la billetera, 17
walrus, la morsa, 14
wastebasket, la papelera, 3
waterfall, la catarata, 18
watermelon, la sandía, 15
wave, la ola, 1
west, oeste, 18
wet suit, el traje de goma, 1
whale, la ballena, 1
wheelchair, la silla de ruedas, 2
whistle, el pito, 11
wig, la peluca, 8
windshield, el parabrisas, 4
windshield wipers, los
limpiaparabrisas, 4
wing, el ala, 5
wings, las alas, 14

wolf, el lobo, 14
woman, la mujer, 10
X ray, los rayos X, 9
xylophone, el xilófono, 8
yarn, el hilado, 11
yolk, la yema, 13
zebra, la cebra, 14
zip code, el código postal, 6
zookeeper, el guardián de
zoológico, 14

Spanish-English Vocabulary List

Words are listed alphabetically, followed by the number of the scene in which they appear.

el abanico, fan, 11

la abeja, bee, 10

el aceite, oil, 4

el acordeón, accordion, 8

el actor, actor, 8

la actriz, actress, 8

el acuario, aquarium, 3

el aduanero, customs officer, 12

África, Africa, 18

las agallas, gills, 1

el aguacate, avocado, 15

el águila, eagle, 14

la aguja hipodérmica, hypodermic needle, 2

las agujas de tejer, knitting needles, 11

el ajedrez, chess, 11

el ala, wing, 5

las alas, wings, 14

el álbum de fotos, photo album, 11

la aleta, fin, flipper, 1

el alfabeto, alphabet, 3

la alfombra, rug, 3

el alga marina, seaweed, 1

los alicates, pliers, 4

el almacén, clothing store, 16

la almeja, clam, 1

el almuerzo, lunch, 13

el altavoz, loudspeaker, 3

la alumna, student (female), 3

el alumno, student (male), 3

la América del Norte, North America, 18

la América del Sur, South America, 18

el ancla, anchor, 1

el angelote, angelfish, 1

el animador, master of ceremonies, 8

los animales, animals, 14

la Antártida, Antarctica, 18

el anzuelo, fishhook, 1

el aparcamiento, parking lot, 16

el apartado postal, post-office box, 6

el apio, celery, 13

el árbol, tree, 10

el arca de tesoro, treasure chest, 1

el archivo, file cabinet, 17

el arco, bow (for a violin), 8

la arena, sand, 1

el arpa, harp, 8

el arrecife de coral, coral reef, 1

el arroz, rice, 13

el ascensor, elevator, 12

Asia, Asia, 18

el asiento, seat, 5

el asiento del conductor, driver's seat, 4

el asiento del pasajero, passenger's seat, 4

el asiento posterior, backseat, 4

el auditorio, auditorium, 8

Australia, Australia, 18

la auxiliar de vuelo, flight attendant, 5

el avestruz, ostrich, 14

el avión, airplane, 5

el azúcar, sugar, 13

la bahía, bay, 18

la bailarina, dancer, 8

la balanza, scale, 15

el balcón, balcony, 7

la ballena, whale, 1

el banco, bank, 17; school of fish, 1; bench, 7

la bandeja, tray, 13

la barbilla, chin, 9

las barras, jungle gym, 16

la báscula, scale, 15

el bastón, cane, 2

la basura, trash, 3

el baúl, (trunk of a car), 4; (luggage), 11

el bebé, baby, 10

el becerro, calf, 10

la bicicleta, bicycle, 4

el billete, bill, 17

la billetera, wallet, 17

el bistec, steak, 13

la boca, mouth, 9

la boca de incendios, fire hydrant, 16

el bocadillo, sandwich, 13

el boleto, ticket, 12

el bolígrafo, pen, 3

la bolsa de compras, shopping bag, 15

la bolsa de correo, mailbag, 6

el bolso, purse, 12

la bombilla, lightbulb, 11

el borrador, chalkboard eraser, 3

las botas de vaquero, cowboy boots, 11

la botella, bottle, 15

la boya, buoy, 1

el brazo, arm, 2

el bróculi, broccoli, 13

la brújula, compass rose, 18

el buceador, scuba diver, 1

la burbuja, bubble, 1

el burro, donkey, 10

el buzón, mailbox, 6

el caballete de pintor, easel, 3

el caballo, horse, 10

el caballo mecedor, rocking horse, 11

el cabestrillo, sling, 2

la cabeza, head, 9

la cabina telefónica, telephone booth, 6

el cabo, cape, 18

la cabra, goat, 10

el cachorro, puppy, 10

el cachorro de oso, bear cub, 14

el cachorro de tigre, tiger cub, 14

el cacto, cactus, 3

la cadena de bicicleta, bicycle chain, 4

el café, coffee, 13

la cafetería, snack bar, 12

el caimán, alligator, 14

la caja, box, 11; cash register, 15

la caja de seguridad, safety deposit box, 17

la caja fuerte, safe, 17

la cajera, cashier, 15; teller, 17

el cajero automático, automatic teller, 17

la cajita de música, music box, 11

el cajón de arena, sandbox, 16

el calamar, squid, 1

la calculadora, calculator, 3

el calendario, calendar, 3

la cámara, camera, 12

la cámara de seguridad, security camera, 17

la cámara de video, video camera, 12

la camarera, waitress, 13

el camarero, waiter, 13

el camarín, dressing room, 8

el camello, camel, 14

la camilla, examining table, 2

el camino, road, 10

el camino particular, driveway, 16

el camión tanque, tank truck, 4
el camionero, truck driver, 4
la campana, bell, 3
el canal, canal, channel, 18
el cangrejo, crab, 1
el canguro, kangaroo, 14
las canicas, marbles, 11
el cañón, cannon, 1
el cantante, singer, 8
el capó, hood, 4
la cara, face, 9
la cárcel, jail, 16
la carne, meat, 15
la carnicería, butcher shop, 16
el carrito de compras, shopping cart, 15
el carrito de equipaje, baggage cart, 12
la carta, letter, 6
la cartera, briefcase, 12
la casa de muñecas, dollhouse, 11
el casco, hoof, 14
el casco del tanque de gasolina, gas cap, 4
la catarata, waterfall, 18
la cebolla, onion, 15
la cebra, zebra, 14

la ceja, eyebrow, 9
la cena, dinner, 13
la cena congelada, frozen dinner, 15
el cepillo de dientes, toothbrush, 9
la cerca, fence, 10
el cerdo, pig, 10
el cereal, cereal, 15
las cerezas, cherries, 15
la cerradura, lock, 17
el cheque, check, 17
la chimenea, smokestack, 7
el chivato, kid, 10
el chocolate, chocolate, 15
el cielo, sky, 10
el ciervo, deer, 14
los címbalos, cymbals, 8
el cine, movie theater, 16
la cinta, packing tape, 6
la cinta adhesiva, cellophane tape, 3
la cinta de goma, rubber band, 6
el cinturón de seguridad, seat belt, 4
el cisne, swan, 14
el clarinete, clarinet, 8
el coche de carreras, race car, 4
el cochinillo, piglet, 10
el código postal, zip code, 6
el codo, elbow, 2

la col, cabbage, 15
la cola, glue, 3; tail, 14
la colina, hill, 10
los columpios, swings, 16
la comida, food, 15
las comidas, meals, 13
el compás, compass, 3
la concha de mar, seashell, 1
el Concorde, Concorde, 5
el conejo, rabbit, 10
la controladora de tráfico, air-traffic controller, 5
la copiloto, copilot (female), 5
el coral, coral, 1
el cordel, string, 6
el cordero, lamb, 10
el corno francés, French horn, 8
la crema, cream, 3
el creyón, crayon, 3
el cuaderno, notebook, 3; notepad, 17
el cuadro, picture, 3
los cubos, blocks, 11
el cuchillo, knife, 13
la cuerda, rope, 8; string, 11
la cuerda de brincar, jump rope, 11
las cuerdas, strings, 8
los cuernos, horns, 10, 14

la cuna, cradle, 11
los dados, dice, 11
el decorado, scenery, 8
el dedo, finger, 2
el dedo (del pie), toe, 2
el delfín, dolphin, 1
el dentista, dentist, 9
el desayuno, breakfast, 13
el desierto, desert, 18
el diente, tooth, 9
el dinero, money, 15
la dirección, address, 6
el director, conductor, 8
el disfraz, costume, 8
los dulces, candy, 15
el durazno, peach, 15
el ecuador, equator, 18
el edificio, building, 16
el edificio de apartamentos, apartment building, 16
el elefante, elephant, 14
el embotellamiento de tráfico, traffic jam, 7
la empanada, pie, 15
el empleado postal, postal worker, 6
la enfermera, nurse, 2
la ensalada, salad, 13

el erizo marino, sea urchin, 1
la escalera de incendios, fire escape, 16
la escalera mecánica, escalator, 12
las escamas, scales, 1
la escayola, cast, 2
el escenario, stage, 8
el escritorio, teacher's desk, 3
la escuela, school, 7
el esmoquin, tuxedo, 11
el esnórquel, snorkel, 1
la espalda, back, 2
el espejo retrovisor, rearview mirror, 4
las espinacas, spinach, 15
la esquina, corner, 16
la estación de bomberos, fire station, 7
la estación de policía, police station, 16
la estación del tren, train station, 7
el estanque, pond, 10
la estantería, bookcase, 3
la estatua, statue, 7
el este, east, 18
el estetoscopio, stethoscope, 2
el estornudo, sneeze, 2

la estrella de mar, starfish, 1
la etiqueta, label, 6
Europa, Europe, 18
la excursión, picnic, 10
la fábrica, factory, 7
la falla, fault, 18
la farmacia, drugstore, 16
el faro, headlight, 4
los faros de freno, brake lights, 4
los fideos, noodles, 13
la fiesta de cumpleaños, birthday party, 13
la firma, signature, 17
el flamenco, flamingo, 14
la flauta, flute, 8
la foca, seal, 14
el foso de la orquesta, orchestra pit, 8
la fotografía, photograph, 11
las frambuesas, raspberries, 15
el freno manual, hand brake, 4
los frenos, braces, 9
la frente, forehead, 9
las fresas, strawberries, 15
la fruta, fruit, 15
la fuente, fountain, 7
las galletas, crackers, 15

las galletas dulces, cookies, 15
la gallina, hen, 10
el gallo, rooster, 10
el gansarón, gosling, 10
el ganso, goose, 10
el garaje, garage, 4
las garras, claws, 14
el gatito, kitten, 10
el gato, cat, 10; jack, 4
la giba, hump, 14
el glaciar, glacier, 18
el globo terráqueo, globe, 3
el golfo, gulf, 18
la goma de borrar, pencil eraser, 3
el gorila, gorilla, 14
el granero, barn, 10
la granja, farm, 10
el granjero, farmer, 10
la grapadora, stapler, 3
las grapas, staples, 3
la grúa, crane, 7; towtruck, 4
el guardia de seguridad, security guard, 17
el guardián de zoológico, zookeeper, 14
el guión, script, 8
los guisantes, peas, 15

la guitarra, guitar, 8
la hamburguesa, hamburger, 13
el hangar, hangar, 5
el helado, ice cream, 13
la hélice, propeller, 5
la hierba, grass, 10
la higienista dental, dental hygienist, 9
el hilado, yarn, 11
el hilo de pescar, fishing line, 1
el hipocampo, sea horse, 1
el hipopótamo, hippopotamus, 14
el hombre, man, 10
el hombro, shoulder, 2
el hongo, mushroom, 13
la hormiga, ant, 10
el hospital, hospital, 16
el hotel, hotel, 16
la hucha, piggy bank, 17
los huevos, eggs, 15
el humo, smoke, 10
la iglesia, church, 7
el imán, magnet, 11
el indicador de metales, metal detector, 12
la isla, island, 18
el jabón, soap, 15

el jaguar, jaguar, 14
el jamón, ham, 13
la jirafa, giraffe, 14
la joya, jewel, 1
las judías verdes, green beans, 15
el juego, game, 11
el juego de auriculares, headset, 5
el juego de damas, checkers, 11
el jugo, fruit juice, 15
la juguetería, toy store, 16
los juguetes, toys, 11
los labios, lips, 9
el lagarto, lizard, 14
el lago, lake, 18
la langosta, lobster, 1
los lápices de color, colored pencils, 3
el lápiz, pencil, 3
la lata, can, 15
el lavado de coches, car wash, 4
el lazo, bow, 6
la leche, milk, 15
la lechuga, lettuce, 15
la lechuza, owl, 14
la lengua, tongue, 9
el león, lion, 14
el leopardo, leopard, 14
el letrero, sign, 16

la librería, bookstore, 3
el libro, book, 3
el libro de colorear, coloring book, 11
el libro de cómicos, comic book, 11
el limón, lemon, 15
el limón verde, lime, 15
los limpiaparabrisas, windshield
   wipers, 4
la llanta, tire, 4
la llanta reventada, flat tire, 4
la llanura, plain, 18
la llave, key, 17
el lobo, wolf, 14
el loro, parrot, 14
la maestra, teacher (female), 3
el maestro, teacher (male), 3
la maleta, suitcase, 12
la maleta para vestidos y trajes,
   garment bag, 12
la malla, leotard, 8
las manchas, spots, 14
la manga de aire, air hose, 4
la manilla, door handle, 4
el manillar, handlebars, 4
la mano, hand, 2
el mantel, tablecloth, 13
la mantequilla, butter, 15

el manto de hielo, icecap, 18
la manzana, apple, 15
el mapa, map, 3
el maquillaje, makeup, 8
la máquina de coser, sewing
   machine, 8
la máquina de escribir, typewriter, 17
el mar, ocean, 1
el marco, picture frame, 11
la máscara, mask, 1, 8
el matasellos, postmark, 6
el mecánico, mechanic, 4
la mecedora, rocking chair, 11
la medicina, medicine, 2
el médico, doctor, 2
la medusa, jellyfish, 1
la mejilla, cheek, 9
la melena, mane, 14
el melón, melon, 15
el menú, menu, 13
la mermelada, jam, 13
el micrófono, microphone, 8
la moneda, coin, 17
el mono, coveralls, 4; monkey, 14
las montañas, mountains, 18
la morsa, walrus, 14
la mostaza, mustard, 13

el mostrador de boletos, ticket
   counter, 12
el motor, engine, 4, 5
el mozo, porter, 12
el mozo de equipaje, baggage
   handler, 12
la mujer, woman, 10
la muleta, crutch, 2
la muñeca, doll, 11
el museo, museum, 16
la música, sheet music, 8
los naipes, cards, 11
la naranja, orange, 15
la nariz, nose, 9
el naufragio, shipwreck, 1
el navegante, navigator, 5
la niña, girl, 10
el niño, boy, 10
los niños, children, 8
el nordeste, northeast, 18
el noroeste, northwest, 18
el norte, north, 18
el nudo, knot, 6
las nueces, nuts, 15
los números, numbers, 3
el oasis, oasis, 1
el Océano Atlántico, Atlantic Ocean, 18

el Océano Glacial Ártico, Arctic Ocean, 18

el Océano Índico, Indian Ocean, 18

el Océano Pacífico, Pacific Ocean, 18

el oeste, west 18

los ojos, eyes, 9

la ola, wave, 1

la oreja, ear, 9

el oro, gold, 1

la orquesta, orchestra, 8

el osito, teddy bear, 11

el oso, bear, 14

el oso polar, polar bear, 14

la oveja, sheep, 10

la paciente, patient, 2

la paja, hay, 10; drinking straw, 13

el pan, bread, 15

el panda, panda, 14

la pantalla de radar, radar screen, 5

las papas, potatoes, 15

las papas fritas, french fries, 13

las papas fritas a la inglesa, potato chips, 15

el papel, paper, 3

la papelera, wastebasket, 3

el paquete, package, 6

el parabrisas, windshield, 4

el paraguas, umbrella, 11

el parque, park, 7

el parquímetro, parking meter, 16

el pasajero, passenger, 5

el pasaporte, passport, 12

la pasta dentífrica, toothpaste, 9

la pastelería, bakery, 16

la pastilla, pill, 2

la pastinaca, stingray, 1

la pata, paw, 14

el patio de recreo, playground, 16

el patito, duckling, 10

el pato, duck, 10

el pavo real, peacock, 14

el pecho, chest, 2

el pedal, pedal, 4

la peluca, wig, 8

la península, peninsula, 18

el percebe, barnacle, 1

la perforadora de papel, hole punch, 3

el periódico, newspaper, 7

el perro, dog, 10

el pescado, fish, 13

el pez, fish, 3

el pez espada, swordfish, 1

el piano, piano, 8

el pico, beak, 14

el pie, foot, 2

la pierna, leg, 2

el piloto, pilot, 5

la pimienta, pepper, 13

la piña, pineapple, 15

el pincel, paintbrush, 3

el pingüino, penguin, 14

la pintura, paint, 3

la pista, runway, 5

el pito, whistle, 11

la pizarra, chalkboard, 3

la planta, plant, 3

la plata, silver, 1

el plátano, banana, 15

el platillo, saucer, 13

el plato, plate, 13

la playa, beach, 16

la plaza, square, 7

la pluma, feather, 11

las plumas, feathers, 14

el pollito, chick, 10

el pollo, chicken, 13

el Polo Norte, North Pole, 18

el Polo Sur, South Pole, 18

el polvo, dust, 11

la portilla, porthole, 1

el potro, colt, 10
el precio, price, 15
los prismáticos, binoculars, 12
el problema aritmético, arithmetic problem, 3
el proyector de película, movie projector, 11
el proyector de teatro, spotlight, 8
el público, audience, 8
la puerta, gate, 12
el pulgar, thumb, 2
el pulpo, octopus, 1
el pupitre, pupil's desk, 3
el queso, cheese, 15
la rana, frog, 10
la ranura, mail slot, 6
la raqueta de tenis, tennis racket, 12
el rascacielos, skyscraper, 16
el ratón, mouse, 10
las rayas, stripes, 14
los rayos, spokes, 4
los rayos X, X ray, 9
la recepcionista, receptionist, 17
el reflector, reflector, 4
el refresco, soft drink, 13
el regalo, gift, 13
el registro de equipaje, baggage

check-in, 12
la regla, ruler, 3
el reloj, clock, 3
el remitente, return address, 6
el restaurante, restaurant, 16
las revistas, magazines, 9
el rinoceronte, rhinoceros, 14
el río, river, 18
la rodilla, knee, 2
el rompecabezas, jigsaw puzzle, 11
las ruedas de entrenamiento, training wheels, 4
el sacapuntas, pencil sharpener, 3
el saco de dormir, sleeping bag, 10
la sal, salt, 13
la sala de espera, waiting room, 13
las salchichas, sausages, 13
la salsa de tomate, ketchup, 13
la sandía, watermelon, 15
la sangre, blood, 2
el saxofón, saxophone, 8
la sección de equipaje, luggage compartment, 5
la seda dental, dental floss, 9
el sello, stamp, 6
el sello de goma, rubber stamp, 6
la selva, jungle, 18

el semáforo, traffic light, 7
la serpiente, snake, 14
el servicio para automovilistas, drive-in, 17
la servilleta, napkin, 13
la silla de ruedas, wheelchair, 2
los soldados de juguete, toy soldiers, 11
la sombra, shadow, 10
el sombrero, hat, 11
el sombrero de copa, top hat, 11
el sombrero de vaquero, cowboy hat, 11
la sonrisa, smile, 9
la sopa, soup, 13
el soporte, kickstand, 4
el sube y baja, seesaw, 16
el submarino, submarine, 1
el sudeste, southeast, 18
el sudoeste, southwest, 18
el sujetapapeles, paper clip, 17
el sur, south, 18
el surtidor de gasolina, gas pump, 4
el tablero de instrumentos, dashboard, 4
el tablón de noticias, bulletin board, 3

el talonario de cheques, checkbook, 17

el tambor, drum, 8

el tampón de entintar, ink pad, 6

el tanque de oxígeno, oxygen tank, 1

la tapa de registro, manhole cover, 7

el tapacubos, hubcap, 4

la tarjeta de crédito, credit card, 17

la tarjeta postal, postcard, 6

la tarta, cake, 13

la taza, cup, 13

el tazón, bowl, 13

el té, tea, 13

el techo de sol, sunroof, 4

la telaraña, cobweb, 11

el telón, curtain, 8

el témpano, iceberg, 18

el tenedor, fork, 13

el tentáculo, tentacle, 1

el termómetro, thermometer, 2

el tesoro, treasure, 1

el tiburón, shark, 1

la tienda de campaña, tent, 10

la tienda de comestibles, grocery store, 7

la tierra, dirt, 10

el tigre, tiger, 14

las tijeras, scissors, 3

el timón, helm, 1

el títere, puppet, 11

la tiza, chalk, 3

el tobogán, slide, 16

los tomates, tomatoes, 15

el torno de hilar, spinning wheel, 11

el toro, bull, 10

la toronja, grapefruit, 15

la torre de control, control tower, 5

la tortilla, omelet, 13

la tortuga, turtle, 14

la tortuga de mar, sea turtle, 1

la tostada, toast, 13

el tractor, tractor, 10

el traje de goma, wet suit, 1

el transportador, protractor, 3

el trapo, rag, 4

el tren de aterrizaje, landing gear, 5

el tren eléctrico, electric train, 11

el triciclo, tricycle, 4

el trombón, trombone, 8

la trompeta, trumpet, 8

la tuba, tuba, 8

la tundra, tundra, 18

el tutú, tutu, 8

el uniforme, uniform, 11

las uvas, grapes, 15

la vaca, cow, 10

el vaso, glass, 13

los vegetales, vegetables, 15

la vela, candle, 13

la venda adhesiva, bandage, 2

el vendedor de boletos, ticket agent, 12

el vestido de baile, ball gown, 11

las vías de ferrocarril, train tracks, 10

el violín, violin, 8

el violoncelo, cello, 8

el volante, steering wheel, 4

el volcán, volcano, 18

el xilófono, xylophone, 8

la yema, yolk, 13

las zanahorias, carrots, 15

las zapatillas de ballet, ballet slippers, 8

el zorro, fox, 14